생각쟁이들을 위한 ☆ 철학동화

물음표와 느낌표

생각쟁이들을 위한 ☆ 철학동화

물음표와 느낌표

2007년 10월 20일 초판 1쇄 펴냄

펴낸곳 | ㈜ 꿈소담이
펴낸이 | 김숙희
지은이 | 이규경

주소 | 136-023 서울특별시 성북구 성북동 1가 115-24 4층
전화 | 747-8970 / 742-8902(편집) / 741-8971(영업)
팩스 | 762-8567
등록번호 | 제6-473(2002. 9. 3)

홈페이지 | www.dreamsodam.co.kr
전자우편 | isodam@dreamsodam.co.kr

ⓒ 이규경, 2007
ISBN 978-89-5689-439-3 73810

● 책 가격은 뒤표지에 있습니다.
● 꿈소담이의 좋은 책들은 어린이와 세상을 잇는 든든한 다리입니다.

생각쟁이들을 위한 ☆ 철학동화

물음표와 느낌표

글·그림 이규경

꿈소담이

차례

1부 웃음이 터지는 이야기

원망	8
그 아버지에 그 아들, 낙서	9
발이 된 머리	10
고집(1), 이름	11
자신, 걱정(1)	12
불행	13
쥐와 고양이	14
걱정(2)	15
멍게와 수류탄	16
넥타이	17
모두 바보	18
피장파장	19
같으면	20
속으로는	21
도둑	22
꼭 그렇지만은 않아	24
붕어빵	26
바보 삼 형제	27
나도 알아	28
의심(1)	29
더 희한한 건	30
정복	31
알아요	32
모두 바보	33
새끼 낳은 말	34
잘못 생각했군요	35
눈, 돼지의 생각	36
누구 아들?, 정성	37
효자손	38
아까 먹은 건	39
그래서, 불 끄면	40
이유(1)	41

🟠 생각 주머니 ----- 42
웃자! 웃자!

🟢 지혜 주머니 ----- 43
파리는 왜 앞다리를 싹싹 비빌까요?

2부 생각을 키우는 이야기

욕심(1)	46
실수	48
배려(1), 입	49
잘난 건 나	50
자기 마음	51
용기	52
구멍, 구름잡기	53
둘이 왔어	54
미래	56
임금님	57
장사	58
목적지	59
편안함	60
나는 누구?	62
배부른 고양이	64
욕심(2)	65
황금	66
바보 아닌 사람, 돈	67
욕심(3)	68
힘들게 벌면	69
왜 작아졌을까?	70
탓	72
다른 기다림	74
괴로움	76
바보란?	77
되풀이, 피해야 할 대상	78
너무 놀면	79
화, 관심	80
양심	81

🟠 생각 주머니 ----- 82
양심을 지켜요

🟢 지혜 주머니 ----- 83
고양이는 정말로 쥐를 잡아먹을까요?

3부 지혜가 자라는 이야기

여유, 어리석음	86
따라서	87
조상	88
고마움, 생각하기 나름	89
큰 것, 작은 것	90
쓰레기	92
자르지 않아도	93
위험해	94
이 속에 있겠지	95
정말 바보	96
알 수 없는 내일	97
현명해지는 법	98
바보	100
말	101
먼 산의 높이	102
옷 자랑	103
방법	104
천재와 바보	106
억울해	107
민들레	108
관심 없어	109
따라다니는 이유	110
좋은 생각, 편하게 자려면	111
바보가 되지 않으려면, 고집(2)	112
괜찮아요, 하면 된다	113
바가지는 바가지	114
처음부터	115
아빠 자랑, 좋은 점, 나쁜 점	116

거짓, 의심(2)	117
구분	118
똑똑함과 어리석음	119
정말 똑똑하면	120

생각 주머니 ----- 122
하면 된다

지혜 주머니 ----- 123
민들레의 번식법

4부 행복이 샘솟는 이야기

배려(2)	126
더 좋은 것	127
내가 먹는 게 아니다	128
쓸모 있는 애완동물	129
생각	130
나는 몰라	131
이유(2)	132
사랑	133
행복(1)	134
동료애	135
비결	136
알쏭달쏭	137
동참	138
다 몰라	140

그래도	141
배고프면	142
편	143
행복한 바보	144
가고 싶은 곳	146
고장 난 시계	147
노래	148
나도 나그네	150
좋게 생각하면	151
돌멩이	152
욕을 하면	154
위로	155
행복(2)	156
나 홀로 우산	157

생각 주머니 ----- 158
행복은 마음속에 있어요

지혜 주머니 ----- 159
새끼를 낳는 뱀?

1부
웃음이 터지는 이야기

원망

바보 너구리가 거꾸로 엎어 놓은
항아리를 들여다보며 항아리 만든 사람을
원망하고 있었어요.
"누가 이런 구멍 없는 항아리를 만들었담."
옆에 있던 사람이 한심하다는 듯 항아리 밑을
들어 보이며 말했어요.
"여기 있지 않니."
그러자 바보 너구리는 더 원망스럽다는 듯
이렇게 말했어요.
"쯧쯧, 밑구멍까지 뚫어 놓았군."

그 아버지에 그 아들

"이번 시간은 미술 시간이에요.
모두 자기 얼굴을 그리도록 해요."
선생님의 말씀에 아기 타조들은 열심히 자기 얼굴을 그렸어요.
그러나 한참을 생각하던 사오정 타조는
병아리 한 마리를 그렸어요.
선생님이 물었어요.
"왜 네가 병아리라고 생각하니?"
그러자 사오정 타조가 말했어요.
"우리 아빠가 늘 닭을 그려 놓고 자기라고 말했거든요."

낙서

뻐꾸기네 집 담벼락에 누군가가 낙서를 했어요.
'뻐꾸기 바보'
그 낙서를 본 뻐꾸기는
밑에다 이렇게 썼어요.
'뻐꾸기는 글자를 모름!'

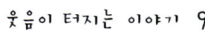

발이 된 머리

어느 날 아빠 곰이 자신의 머리를 치며
말했어요.
"내 머리는 발이야. 아무 생각도 못하는 발이야."

그 모습을 지켜보던 아들 곰이 물었어요.
"아빠, 아빠는 언제부터 아빠의 머리를 발이라고 생각했어요?"

그러자 아빠 곰은 한참을 생각하더니 이렇게 말했어요.
"글쎄, 내 머리가 발이 되어서 통 생각이 나지 않는구나."

고집(1)

자기 생각과 다르게 말을 하는 딱따구리가 있었어요.
맛있는 음식을 먹을 때는 맛있다고 생각하면서도
"맛이 없군."
잘생긴 딱따구리를 보면 잘생겼다고 생각하면서도
"못생겼군."
하고 말했어요.
어느 날, 어떤 딱따구리가 그 딱따구리에게 물었어요.
"당신은 왜 모두 생각과 반대로 말을 합니까?"
그러자 그 딱따구리는 자기 입을 툭툭 치며 말했어요.
"이놈의 입이 고집이 세서 자기 고집대로 말하지 뭡니까?"

이름

아빠 고양이가 아들 고양이를 불러 놓고 말했어요.
"우리 집은 대대로 이름 없는 집이었다.
넌 앞으로 이름을 빛내는 고양이가 되도록 하여라."
"네."
아빠 고양이의 말을 들은 아들 고양이는 자기 방으로
와 불 켜진 형광등에 자기 이름을 썼어요.
그리고 번쩍번쩍 빛나는 이름을 보며 흐뭇해했어요.

자신

자기는 영원히 죽지 않는다고 생각하는
거북 한 마리가 있었어요.
사람들이 그에게 물었어요.
"너는 왜 영원히 죽지 않는다고 생각하니?"
그러자 거북은 자신 있게 말했어요.
"지금까지 안 죽었으니까요."

걱정(1)

자나깨나 땅이 꺼질까 봐 걱정하는 코뿔소 한 마리가 있었어요.
그는 자리에 앉을 때도 조심조심, 걸을 때도 살금살금 걸었어요.
그리고 말소리도 절대 크게 내지 않았어요.
이웃집 코뿔소가 그에게 물었어요.
"왜 당신은 땅이 꺼질까 봐 걱정을 합니까?"
그러자 그가 말했어요.
"쉿, 조용히 말해요. 그건 내 아내 때문이라오.
내 아내가 늘 땅이 꺼지도록 한숨을 쉰다니까요."

불행

자신을 흰 개미라고 생각하는 검은 개미가 있었어요.
친구가 물었어요.

"자네가 흰 개미면 자네 부인도 흰 개미겠군그래."
그러자 검은 개미는 고개를 흔들며 말했어요.

"아니야, 흰 개미가 아니야. 내 아내는 검은 개미야.
그래서 내가 불행한 거야."

쥐와 고양이

친구 만나기를 싫어하는 양이 있었어요.
양은 방 안에 틀어박혀 혼자 중얼거렸어요.
"이 세상 양들은 다 고양이야. 사나운 고양이."

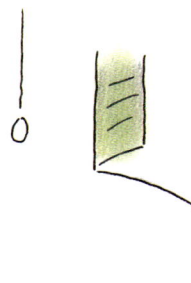

엄마 양이 한심하다는 듯 물었어요.
"얘, 넌 언제부터 양들을 고양이라고 생각했니?"

그러자 양이 말했어요.
"내가 쥐라고 생각한 때부터요."

걱정(2)

종달새 한 마리가 하늘을 쳐다보며 말했어요.
"하늘이 노랗다. 하늘이 노래."

옆에 있던 종달새가 말했어요.
"이봐, 하늘은 노란색이 아니고 파란색이야."

그러자 그 종달새가 말했어요.
"너도 나처럼 큰 걱정거리가 생겨 봐.
그러면 하늘이 노랗게 보일 거야."

멍게와 수류탄

멍게를 수류탄이라고 말하는 문어가 있었어요.
그런 아들을 본 엄마 문어가 걱정스런 얼굴로 말했어요.
"멍게를 수류탄이라고 하니 큰일났구나.
나중에 수류탄을 보면 멍게라고 까 먹을 텐데
이 일을 어쩌면 좋담."
그 말을 들은 아들 문어가 말했어요.
"엄마, 걱정 마세요. 나는 멍게만 보면 질색을 하고 도망가니까요."

넥타이

넥타이를 허리끈이라고 말하는 강아지가 있었어요.

아빠 개가 말했어요.
"이건 허리끈이 아니란다. 허리끈은 허리에 매는 것이고 이건 목에 매는 넥타이란다."

그러자 강아지는 고개를 끄덕이며 말했어요.
"예, 알았어요. 목에 매는 허리끈이로군요."

모두 바보

어느 가을날, 우수수 떨어지는 나뭇잎을 보고
바보 고슴도치가 소리쳤어요.

"와, 돈이다. 하늘에서 돈이 떨어진다!"
그 소리를 들은 고슴도치들이
우르르 모여들어 소리쳤어요.
"어디, 어디?"

그러자 바보 고슴도치가 말했어요.
"나만 바본 줄 알았더니, 다 바보군."

피장파장

추운 겨울날 눈사람 아저씨가 털모자 위에
운동모자를 덮어 쓰고 들판으로 나왔어요.

그 모습을 본 허수아비가 웃으며 말했어요.
"털모자 위에 운동모자를 쓰다니 정말 우습군."

그러자 눈사람 아저씨가 말했어요.
"당신도 마찬가지요. 당신은 가발 위에 운동모자를 쓰고 있지 않소."

같으면

고양이 엄마를 보고
"엄마, 엄마,"
하며 따라다니는 바보 쥐가 있었어요.

친구 쥐들이 깜짝 놀라 말했어요.
"얘, 저 고양이는 네 엄마가 아니야.
네가 쥐라는 걸 알면 너를 바로 잡아먹을 거야."

그러자 바보 쥐가 말했어요.
"괜찮아. 저 고양이도 나와 같은 바보니까."

속으로는

한 나무늘보가 남의 초상집에 가서 히죽히죽 웃었어요.

같이 갔던 친구가 옆구리를 툭툭 치며 귀에 대고 속삭였어요.
"여긴 초상집이야. 웃으면 안 돼."

그러자 나무늘보도 그 친구의 귀에 대고 속삭였어요.
"너도 지금 마음속으로는 웃고 있잖아."

도둑

도둑고양이가 남의 집에 물건을
훔치러 들어갔어요.

방 안을 이리저리 살피다가 예쁜 상자를 발견한 도둑고양이는
"옳지, 저 속에 귀한 것이 들어 있겠구나!"
하고 그 상자를 열었어요.

상자 속에는 거울이 들어 있었어요.

도둑고양이는 상자 속을 들여다보다
그 속에 들어 있는 거울에 비친 자기 모습을 보고
훌쩍훌쩍 울며 말했어요.
"아, 어느 새 내가 붙잡혀
이 작은 상자 속에 갇혔구나."

꼭 그렇지만은 않아

아기 청개구리가 선생님에게 물었어요.
"선생님, 구름이 끼면 비가 오나요?"

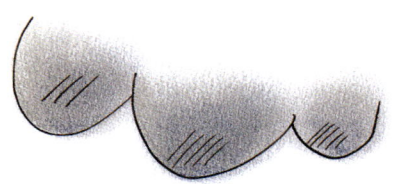

"꼭 그렇지만은 않단다. 구름이 끼어도 비가 오지 않을 수도 있단다."
아기 청개구리는 고개를 끄덕였어요.

선생님이 말했어요.
"너도 내년이면 6학년이 되겠구나."

그러자 아기 청개구리가 말했어요.
"뭐 꼭 그렇지만은 않아요.
5학년에 머물 수도 있어요."

붕어빵

멍청한 거위 한 마리가
붕어빵 가게 앞을 뒤뚱뒤뚱 지나다가 주인에게 물었어요.
"아저씨, 이 붕어빵 안에 붕어가 들어 있어요?"

주인은 거위의 물음에 웃으며 대답했어요.
"붕어는 없고 팥이 들어 있단다."

그러자 거위는 고개를 끄덕이며 말했어요.
"아, 붕어가 팥을 먹었군요."

바보 삼 형제

바보 너구리 삼 형제가 있었어요.
첫째 너구리는 자기 아버지가 누군지 모르는 바보였고,
둘째 너구리는 자기가 누군지 모르는 바보였고,
셋째 너구리는 자기 나이가 몇 살인지 모르는 바보였어요.
첫째 너구리가 둘째 너구리에게 말했어요.
"우리 서로 인사나 합시다."
"그럽시다."
둘은 서로 손을 잡았어요.
그 모습을 보던 셋째 너구리가 점잖게 다가와 말했어요.
"애들이 어른 앞에서 인사는 무슨 인사냐."

나도 알아

겁쟁이 생쥐 한 마리가 길을 가다가
길바닥에 떨어진 새끼줄을 보고
뱀인 줄 알고 놀라 달아났어요.

같이 가던 쥐가 말했어요.
"저건 뱀이 아니고 새끼줄이야."
그래도 겁쟁이 생쥐는 여전히 겁에 질려 소리쳤어요.
"나도 알아. 새끼 뱀이란 걸."

의심(1)

정신없는 개 한 마리가 뼈다귀를 찾아다니고 있어요.
자기가 물어다 놓은 뼈다귀가 없어졌거든요.

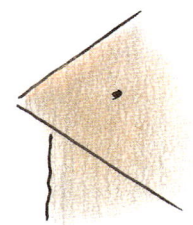

"어디로 갔을까? 누가 물어 간 게 분명해."
그때였어요. 파리 한 마리가 그 개 앞으로 날아와
두 발을 싹싹 비벼댔어요.

그것을 본 정신없는 개가 말했어요.
"네놈이 가져갔구나. 잘못했다고 비는 걸 보니."

더 희한한 건

꼴뚜기 부부가 결혼해서 똑똑한 오징어를 낳았어요.

오징어들이 수군거렸어요.
"정말 희한하군그래. 꼴뚜기한테서
똑똑한 오징어가 태어나다니."

그 소리를 들은 꼴뚜기가 말했어요.
"더 희한한 건 당신네들이에요. 똑똑한 오징어들끼리 만나
어떻게 꼴뚜기를 낳지요?"

정복

바보 개미 한 마리가 잠자는 사람의 몸을 타고 끙끙대며
기어올랐어요.
다리를 지나고 배를 지나, 힘들게 사람의 콧등 위로
올라갔어요.

그러고는 감격한 듯 소리쳤어요.
"와! ★정복했다."

그 순간 잠자던 사람의 손이 개미를 툭 쳤어요.
개미는 그만 숨을 거두고 말았어요.

★ 정복 : 어려운 일을 겪어 이겨냄.

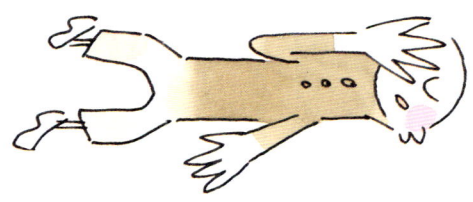

알아요

아기 악어가 발 닦는 수건으로
얼굴을 닦고 있었어요.

그것을 본 엄마 악어가 소리쳤어요.
"얘, 그건 발 닦는 수건이야.
얼굴 닦는 수건은 여기 있잖니."

그러자 아기 악어가 말했어요.
"예, 알아요. 하지만 조금 전에
아빠가 그 수건으로 발을 닦았어요."

모두 바보

사람들이 많이 오고 가는 길에서 바보가
갑자기 큰 소리를 질렀어요.
"야, 이 바보야."
그러자 길 가던 사람들이 모두 바보를 쳐다봤어요.
그 모습을 본 바보가 혼자 중얼거렸어요.
"세상 사람 모두 바보군."

새끼 낳은 말

한 농부가 새끼 낳은 말을 끌고
터벅터벅 길을 가고 있었어요.

지나가던 사람이 농부에게 말했어요.
"이봐요. 그 말을 타고 가면 편할 텐데 왜 그렇게
끌고 가시오?"

그러자 농부가 말했어요.
"아, 자기 새끼도 태워 주지 않는데 나를 태워 주겠소?"

잘못 생각했군요

소를 말이라고 생각하는 한 멍청이가 있었어요.
그는 길을 가다 밭을 갈고 있는 소를 보고
"그 말 참 잘생겼다."
하고 말했어요.
그 말에 소 주인은 어이없다는 듯
"이봐요. 이건 말이 아니고 소요. 말은 머리에 뿔이
없는 놈이란 말이오."
하고 말했어요.
그러자 멍청이는 소 주인의 머리를 한참 쳐다보더니
이렇게 말했어요.
"아, 내가 잘못 생각했군요. 이놈은 소고 댁이 말이군요."

눈

멍청한 바보 돼지가 들판을 지나다가 잠자는 사자의 발을 밟았어요.
사자가 일어나 화를 내며 말했어요.
"넌 눈도 없냐? 남의 발을 밟게."
그러자 바보 돼지는 머리를 긁적이며 말했어요.
"아이고, 죄송합니다. 제 발에는 눈이 없어서……."

돼지의 생각

먹는 것만 밝히는 바보 돼지가
길을 가다 아기 밴 암소를 만났어요.
바보 돼지가 물었어요.
"아줌마, 배가 왜 그렇게 불러요?"
"응. 뱃속에 아기가 들어 있어 그렇단다."
그러자 바보 돼지는 눈을 동그랗게
뜨고 말했어요.
"그 아기 언제 먹었어요?"

누구 아들?

멍청한 아기 곰이 엄마 곰에게 물었어요.
"엄마, 내가 누구예요?"
그러자 엄마 곰이 말했어요.
"넌 내 아들이지."
그러자 아기 곰은 고개를 갸웃거리며 말했어요.
"거 참 이상하다. 아빠는 자기 아들이라고 말했는데……."

정성

바보 오리가 물그릇을 들고 뒤뚱뒤뚱 걷다가
물을 다 엎지르고 말았어요.
엄마 오리가 말했어요.
"무슨 일이든 정성을 들여야 일을
그르치지 않는단다."
그러자 바보 오리가 말했어요.
"엄마는 나를 낳을 때 정성을 들이지
않았나 봐요. 나를 이렇게 뒤뚱뒤뚱 걷게 낳
은 걸 보면."

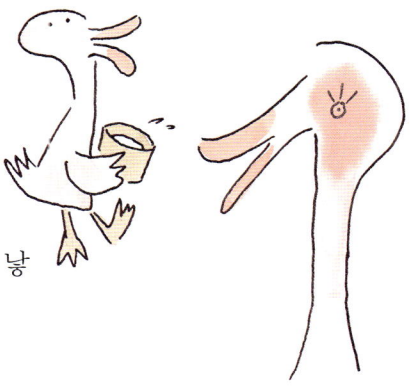

효자손

어린 토끼가 할아버지 댁에 놀러 갔어요.
할아버지는 이상하게 생긴 막대기로 등을 긁고 있었어요.
어린 토끼가 물었어요.
"할아버지, 그 막대기는 무슨 막대기예요?"
그러자 할아버지가 말했어요.
"이건 ★효자손이라는 거란다."
할아버지의 말에 어린 토끼는 그 막대기를
한참 들여다보다가 말했어요.
"쯧쯧, 효자는 어디 가고 손만 남았을까?"

★효자손 : 대나무의 끝을 손가락처럼 구부려 손이 닿지 않는 곳을 긁도록 만든 물건.

아까 먹은 건

비둘기 두 마리가 콩밭으로 날아갔어요.
바보 비둘기가 콩을 먹으며 말했어요.
"팥이 참 고소하군."
그러자 같이 간 친구 비둘기가 말했어요.
"이건 팥이 아니라 콩이야."
그 말에 바보 비둘기는 지지 않으려는 듯,
"아니야. 네가 잘못 알고 있어. 이건 팥이야."
콩을 팥이라고 우기는 바보 비둘기의 말에 화가 난
친구 비둘기가 다시 큰 소리로 말했어요.
"이건 팥이 아니고 콩이라니까!"
친구의 큰 소리에 풀이 죽은 바보 비둘기가 말했어요.
"그래. 이건 콩이야. 하지만 아까 내가 먹은 건 팥이야."

그래서

잘 씻지 않는 아기 스컹크가 엄마 스컹크에게 물었어요.
"엄마, 엄마, 오줌은 어디서 나와요?"
"엄마 뱃속에서 나오지."
"똥은 어디서 나와요?"
"그것도 엄마 뱃속에서 나오지."
"그럼 난 어디서 나왔어요?"
"너도 엄마 뱃속에서 나왔지."
그러자 아기 스컹크는 고개를
끄덕이며 말했어요.
"그래서 다른 친구들이 나만 보면
냄새가 난다고 피했군요?"

불 끄면

늦은 밤 불빛 아래서 고양이 두 마리가 서로 자기의
목걸이가 더 예쁘다고 말다툼을 하고 있었어요.
"내 목걸이가 더 예뻐."
"아니야, 내 목걸이가 더 예뻐."
그러자 옆에서 지켜보던 친구 고양이가 말했어요.
"애들아, 싸우지 마. 불 끄면 다 똑같아."

이유 (1)

강가에서 물구경을 하던 나무늘보 한 마리가
갑자기 물에 빠졌어요.
"나무늘보 살려, 나무늘보 살려!"
물을 무서워하는 나무늘보는
얼굴이 하얗게 질려 버둥거렸어요.
그러자 옆에 있던 물소가 뛰어들어
떠내려가는 나무늘보를 구해 주었어요.
나무늘보는 물소의 등에 타고 간신히 물 밖으로 나왔지요.
그런데 물 밖으로 나온 나무늘보가 갑자기 물소의 뺨을 때렸어요.
그 모습을 보고 있던 코끼리가 놀라 물었어요.
"얘, 네 생명을 구해 준 은인인데 왜 뺨을 때리니?"
그러자 나무늘보는 화난 얼굴로 씩씩거리며 말했어요.
"얘가 내 등을 떠밀어서 내가 물에 빠졌단 말이야."

생각 주머니

웃자! 웃자!

환하게 웃고 있는 얼굴을 보면 기분이 좋아져요. 잘 웃는 사람에게는 다른 사람을 끌어당기는 힘이 있지요. 그래서 친구도 많답니다. 또한 웃음은 딱딱한 분위기를 부드럽고 밝게 해 줘요.

많이 웃을수록 뇌에서 엔돌핀이 많이 만들어져 기분이 좋아지고 건강에도 좋아요. 한 번 웃으면 에어로빅을 5분 정도 한 효과가 있다고 하니 굉장하지요? 웃으면 마음이 즐거워지고, 마음이 즐거워지면 힘든 일도 재미있게 할 수 있어요. 억지로 웃는 것도 웃지 않는 것보다는 효과적이랍니다.

아침에 일어나 기지개를 쭉 편 뒤 큰 소리로 하하하 웃어 보세요. 기분 좋은 하루가 시작될 거예요.

생각해 보세요

친구 중에 생글생글 잘 웃는 친구가 있을 거예요. 또 무엇이 불만인지 항상 찡그리고 다니는 친구도 있을 거예요. 그 친구들을 대할 때 나의 기분은 어떻게 변하나요? 또 어떤 친구와 더 친하게 지내고 싶은가요?

지혜 주머니

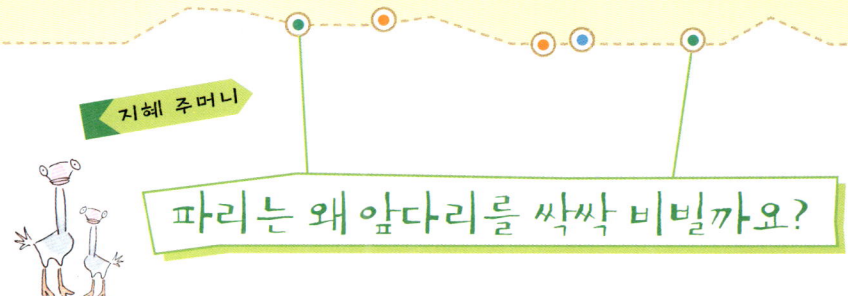
파리는 왜 앞다리를 싹싹 비빌까요?

앞다리를 들어 싹싹 비비고 있는 파리를 본 적이 있지요? 파리가 무엇을 잘못해서 용서를 비는 것일까요? 아니랍니다.

파리는 다리에 난 털로 음식의 냄새를 맡아요. 파리가 이 음식 저 음식 옮겨 다니는 동안 파리의 다리 털에 음식의 찌꺼기가 달라붙게 되지요. 파리가 앞다리를 싹싹 비비는 것은 잘못했다고 용서를 비는 것이 아니라, 음식의 냄새를 잘 맡기 위해 다리 털을 청소하는 거예요.

파리가 앉은 음식은 먹지 않는 것이 좋겠지요? 특히 파리가 음식 위에서 앞다리를 싹싹 비비고 있다면 더욱 그렇지요. 파리의 다리 털에 묻어 있던 나쁜 병균들이 음식 위로 뚝뚝 떨어졌을 테니까요. 우리가 그 음식을 먹으면 나쁜 병균들도 함께 먹게 되는 것이랍니다.

2부
생각을 키우는 이야기

욕심(1)

아빠 돼지가 아들 돼지에게 물었어요.
"하나보다 많은 건 몇이지?"
"둘이요."

"그럼 둘보다 많은 건?"
"그야 셋이지요."

아빠 돼지는 흐뭇해하며 또 물었어요.
"그래, 그러면 아홉보다 많은 건 몇이니?"

그러자 아들 돼지가 말했어요.
"하나요."

"왜 하나라고 생각하지?"
아빠 돼지가 묻자 아들 돼지가 말했어요.

"아빠, 사람의 욕심은 끝이 없는 법이에요.
적당할 때 만족하세요."

실수

염소네 집 고양이가 열린 문을 통해 집을 나갔어요.
아빠 염소가 소리쳤어요.
"여보, 빨리 문 닫아요!"

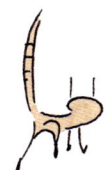

그 말에 엄마 염소는 아빠 염소를 쳐다보며 말했어요.
"여보, 고양이는 벌써 나가 버렸어요."

그러자 아빠 염소는 버럭 화를 내며 말했어요.
"고양이는 집을 나갔지만 우리 집 멍청한 아들 녀석이 있잖아요.
두 번 다시 실수는 하지 말아야지."

배려(1)

아기 코끼리가 그림책을 펴 들고 재미있게 보고 있었어요.
앞에 앉아 있던 형 코끼리가 동생 코끼리에게 말했어요.
"이 바보야, 책을 거꾸로 들고 있잖아."
그러자 동생 코끼리는 빙긋 웃으며 말했어요.
"이 책은 형이 보라고 들고 있는 거야.
나처럼 남을 *배려하는 마음이 있어야지."

* 배려 : 남을 생각하는 마음.

입

수다쟁이 엄마 참새가 주전자 주둥이를 가리키며 말했어요.
"이게 주전자 입이란다."
그러자 아들 참새가 말했어요.
"그건 주전자 입이 아니라 꼬리예요."
엄마 참새가 물었어요.
"그럼, 입은 어디 있는데?"
아들 참새는 주전자 뚜껑을 열고 말했어요.
"이게 입이에요. 늘 닫아 두었다가 필요할 때만 여니까 이게 입이에요."

잘난 건 나

자신이 세상에서 제일 잘났다고 생각하는 까마귀가 있었어요.
어느 날, 그 까마귀가 여자 친구를 사귀었어요.

그러나 얼마 가지 않아 둘은 헤어졌어요.
사람들이 물었어요.
"왜 헤어졌는데?"

그러자 그 까마귀가 말했어요.
"그 여자는 정말 바보였어요.
자신이 세상에서 제일 잘났다고 말하잖아요."

자기 마음

세상 모든 당나귀의 마음이 자기 마음과 같으리라고
생각하는 당나귀가 있었어요.
그래서 그 당나귀는 자기가 슬프면
다른 당나귀들도 다 슬프고,
자기가 기쁘면, 다른 당나귀들도 다 기쁠 것이라고 생각했어요.
또 자기가 편안하면 다른 당나귀들도 편안하고,
자기가 괴로우면 다른 당나귀들도 모두 괴로울 것이라고 생각했어요.
어느 날, 당나귀는 차를 타고 가다 소변이 마려웠어요.
그래서 다른 당나귀들을 둘러보았어요.
그러나 다른 당나귀들은 모두 편안한 얼굴로 앉아 있었어요.
그러자 그 어리석은 당나귀는 혼자 중얼거렸어요.
"다른 당나귀들도 참는데 나도 참자."

용기

어느 날 밖에 나갔던 아들 염소가
훌쩍훌쩍 울면서 들어왔어요. 엄마 염소가 그 이유를 묻자
아들 염소가 말했어요.

"용기를 도둑맞았어요. 누군가가 내 용기를 빼앗아 달아났어요."
"그렇다면 뒤따라가서 잡지 가만히 보고만 있었니?"

그 말에 아들 염소가 말했어요.
"내 용기를 그가 가져갔으니까,
내겐 그를 잡을 용기가 없었지요."

구멍

구멍 난 바지를 입고 다니는
강아지를 보고 늑대가 말했어요.
"쯧쯧, 이 추운 겨울에 구멍 난 바지를 입고 다니다니……."
그 말에 강아지는 혼잣말처럼 중얼거렸어요.
"구멍 난 바지가 어때서. 구멍 난 양심보다야 낫지."

구름잡기

구름을 잡겠다고 혼자 팔딱팔딱 뛰는 아기 뱀 한 마리가 있었어요.
구경하던 동물들이 모두 그 모습을 보고 웃었어요.
그러나 아기 뱀은 아랑곳하지 않고 계속 팔딱팔딱 뛰었어요.
동물들이 돌아가자 아기 뱀은 혼자 중얼거렸어요.
"자기들은 나보다 더 노력하지도 않고 *황당하게
무엇을 잡으려고 하면서……."

* 황당하다 : 말이나 행동이 터무니없다.

둘이 왔어

한 염소가 돈을 빌리러 친구 집에 찾아갔어요.

염소는 문 앞에서 한참 동안 서성거렸어요.
"들어갈까 말까, 들어갈까 말까?"

망설이던 염소는 용기를 내어
친구 집 문을 열고 들어갔어요.

친구가 물었어요.
"혼자 왔니?"
그러자 염소가 말했어요.
"아니 둘이 왔어. 오고 싶은 나와 오기 싫은 나, 둘이 왔어."

미래

한 나비가 말했어요.
"난 미래에 살아."

친구 나비가 물었어요.
"지금 오늘을 살면서 어떻게 미래에 사니?"

그러자 그 나비가 말했어요.
"지난날엔 오늘이 미래였어."

임금님

"안녕하세요, 임금님."
다람쥐가 사과나무에게 공손히 절을 했어요.
옆에서 지켜보던 뱀이 물었어요.
"왜 사과나무를 임금님이라고 부르나요?"
다람쥐가 말했어요.
"더울 땐 시원한 그늘을 만들어 주지요.
배고플 땐 맛있는 사과를 주지요.
또 봄이면 싹을 틔우고, 가을이면 잎을 떨구지요.
이렇게 하늘의 법칙을 아니 이 나무가 바로 임금님이지요."

장사

멧돼지 한 마리가 장사를 해서 큰돈을 벌었어요.
다른 동물들이 ★비결을 묻자 그 멧돼지가 말했어요.
"저는 바보라서 남과 나를 구분 못합니다.
잘난이 못난이도 구분 못하고
똑똑한 이 어리석은 이도 구분 못합니다.
그저 손님을 모두 한결같이 대했지요.
그랬더니 단골손님들이 자꾸 늘어나서
이렇게 ★번창하게 되었답니다."

★ 비결 : 숨겨 두고 혼자만 쓰는 좋은 방법.
★ 번창 : 일이 썩 잘되어 발전함.

*목적지

*장닭 한 마리가 기차를 탔어요.
기차가 출발하자 멍하니 창밖을 내다보던 장닭이
옆자리에 앉은 암탉에게 말을 건넸어요.
"댁은 어디로 가는 길입니까?"
"저는 부산으로 갑니다만…… 댁은 어디로 가시나요?"
그러자 장닭은 잠시 생각하더니 말했어요.
"저는 내일로 갑니다."

★ 목적지 : 가고자 하는 곳.
★ 장닭 : 수탉.

편안함

게으름뱅이 나무늘보가 앉아서 밥을 먹으며 생각했어요.
"더 편하게 밥을 먹을 수는 없을까?"

나무늘보는 벌렁 드러누워 밥을 먹었어요.
그러자 밥풀이 떨어져 나무늘보의 얼굴에 붙었어요.

"안 되겠군. 엎드려서 먹어 봐야지."
엎드려 밥을 먹자니 밥이 잘 넘어가지 않았어요.

나무늘보는 다시 일어나 앉아서 밥을 먹었어요.
"이게 제일 편하군."
나무늘보는 혼자 중얼거렸어요.

나는 누구?

'나는 누구인가?'
하고 생각하는 개미핥기 한 마리가 있었어요.

그 개미핥기가 집을 나서는데 등 뒤에서 동생이 불렀어요.
"형!"
그러자 개미핥기는 생각했어요.
"나는 형이구나."

개미핥기가 길을 가는데 키가 큰 개미핥기가 불렀어요.
"얘, 꼬마야!"
그러자 개미핥기는 생각했어요.
"나는 꼬마구나."

그 개미핥기는 집으로 돌아와서 엄마에게 물었어요.
"엄마, 난 누구예요? 나보다 더 큰 아이 앞에선 작은 아이가 되고, 나보다 더 작은 아이 앞에선 큰 아이가 되는 나는 도대체 누구예요?"

배부른 고양이

배부른 고양이 한 마리가
엎드려 깊은 생각에 잠겼어요.

"왜 고양이는 쥐를 잡아야 할까?
닭도 있고 토끼도 있는데
왜 하필이면 쥐를 잡아야 할까?"

배고픈 다른 고양이들은 쥐를 잡으려고
이리저리 설치고 다니는데
배부른 고양이는 쥐 잡을 생각은 않고
엎드려 깊은 생각에만 잠겨 있었어요.

욕심(2)

바보가 천재에게 물었어요.
"쥐를 잡아먹는 건 뭐지?"
"그야 뱀이지."
"그럼, 뱀을 잡아먹는 건?"
"그건 너구리지."
"그럼, 너구리를 잡아먹는 건?"
"그건 살쾡이지."
"그럼, 그 살쾡이를 잡아먹는 건 뭐지?"
"그야 사자지."
"그럼, 그 사자를 잡는 건 누구지?"
"그야 사람이지."
"그럼, 그 사람을 잡는 건?"
"……."
천재가 대답을 못하자
바보가 말했어요.
"사람을 잡는 건 그 사람의 욕심이야."

황금

*굼벵이 한 마리가 황금 덩어리를 과일나무 밑에 묻었어요.
그것을 본 이웃 굼벵이가 웃으며 말했어요.
"얘, 황금 덩어리를 묻는다고 그 과일나무에서
황금이 열릴 거라 생각하니?"

그러자 굼벵이는 고개를 흔들며 말했어요.
"그래요. 황금 열매는 열리지 않겠지요.
하지만, 황금을 먹고 자란 과일이라고 하면
모든 이들이 이 과일을 비싼 값으로 사 가겠지요."

★ 굼벵이 : 매미의 애벌레.

바보 아닌 사람

어떤 허수아비가 말했어요.
"이 세상에서 자기가 제일 똑똑하다고 생각하는 사람은 바보.
또 자기가 제일 잘났다고 생각하는 사람도 바보.
자기 말이 다 옳다고 생각하는 사람도 바보랍니다.
바보 아닌 사람은 바로 자기가 바보라고
생각하는 사람이랍니다."

돈

소가 돼지에게 물었어요.
"얘, 돈이 무엇인지 아니?"
그러자 돼지가 말했어요.
"돈은 돈이지요."
그러자 소가 다시 물었어요.
"그래. 그 돈이 무엇이냔 말이다."
그러자 돼지는 어이없다는 듯 말했어요.
"나 참, 돈이 돈이지 그럼 돈이 돌이겠어요?"

욕심(3)

예쁜 모자 아홉 개를 가진 수탉이 있었어요.
모자 한 개를 가진 수탉이
그 아홉 개의 모자가 탐이 나 말했어요.
"얘, 우리 친구 하자."

그러자 아홉 개의 모자를 가진 수탉이 말했어요.
"그 모자 나한테 주면 친구 할게.
모자 한 개만 더 있으면 열 개가 되거든."

힘들게 벌면

베짱이 한 마리가 길거리에서 힘들게 *물구나무를 서서
*구걸을 하고 있었어요.
지나가던 개미들이 이상하게 생각하고 그에게 다가가 물었어요.
"당신은 왜 힘들게 물구나무를 서서 구걸을 합니까?"
그러자 그 베짱이가 말했어요.
"힘들게 번 돈은 쉽게 달아나지 않는다고 해서요."

★ 물구나무 : 두 손으로 바닥을 짚고 거꾸로 서는 일.
★ 구걸 : 남에게 돈이나 먹을거리 등을 달라고 빎.

왜 작아졌을까?

어릴 때 집을 떠났던 연어 한 마리가
어른이 되어 다시 집으로 돌아왔어요.
대문을 들어서던 연어는 고개를 갸웃거리며 말했어요.
"대문이 왜 이렇게 작아졌지?"

마루로 올라서며 말했어요.
"마루가 왜 이렇게 작아졌지?"

방으로 들어선 연어가 말했어요.
"내 방이 왜 이렇게 작아졌지?"

자기가 커진 것은 생각하지 않고
"모든 것이 왜 이렇게 다 작아졌지?"
하며 고개를 갸웃거렸어요.

탓

어느 날 곰의 집에 도둑이 들어
곰이 ★애지중지하던 꿀벌 통을
송두리째 들고 가 버렸어요.

★ 애지중지 : 매우 소중하게 여기는 모양.

꿀벌 통을 잃은 곰은 도둑을 원망하며 훌쩍훌쩍 울었어요.
그 모습을 본 동물 친구들이 혀를 차며 수군거렸어요.

"저 곰이 꿀벌 통을 돌보지 않아서 도둑이 들고 간 거야."
"아니! 잠꾸러기라서 도둑이 든 줄도 몰랐을 거야."
동물 친구들은 모두 곰을 탓했어요.

도둑을 탓하는 친구는 아무도 없었어요.

다른 기다림

아기 토끼가 정성껏 키우던 새가 어느 날
새장 밖으로 날아갔어요.

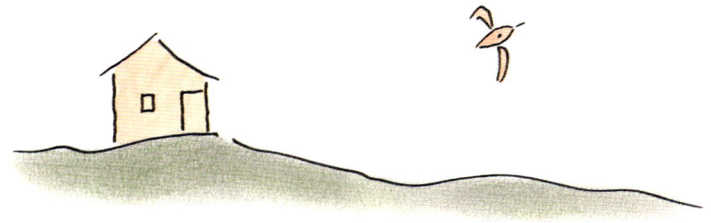

아기 토끼는 빈 새장의 문을 열어 놓고 매일매일
새가 돌아오기를 기다렸어요.

보다 못한 엄마 토끼가 아기 토끼에게 말했어요.
"얘야, 새는 다시 돌아오지 않는단다. 그러니 그 빈 새장은
내다 버리렴."

그러자 아기 토끼는 눈물을 글썽이며 말했어요.
"나도 알아요. 내가 싫어 날아가 버린 새는 두 번 다시 돌아오지
않을 거예요. 나는 지금 그 새를 기다리는 것이 아니라
다른 새가 날아오기를 기다리는 거예요."

괴로움

'괴로움은 왜 생길까?
왜 개들은 괴로움을 안고 살아야 할까?'
개의 괴로움에 대해서 깊이 생각하는 철학자 개가
엉거주춤 서 있는 개에게 물었어요.
"당신도 괴로움을 압니까?"
그러자 개는 어이없다는 듯 철학자 개를 쳐다보며 말했어요.
"지금 엉덩이에 종기가 나서 앉지도 서지도 못하는
내 모습을 보고도 모릅니까?"

바보란?

늙은 염소가 깊은 생각에 잠겨 있었어요.
"어떤 것이 바보일까?
남의 말에 속는 것이 바보일까? 남한테 지는 것이 바보일까?
잘난 척하지 않는 것이 바보일까?"
늙은 염소는 생각하고 또 생각했어요.
그때였어요. 개 한 마리가 거울 속의 자기를 들여다보고
"멍멍!"
하고 짖고 있었어요.
그 모습을 본 늙은 염소는 무릎을 치며 말했어요.
"그래, 저게 바보로구나. 남은 알면서 자기는 모르는 저게 바보로구나."

되풀이

두 마리의 염소가 길을 가다가
웅덩이에 빠지고 말았어요.
똑같이 빠졌지만 한 마리는 바보라는 소리를 들었고
한 마리는 바보라는 소리를 듣지 않았어요.
바보라는 소리를 들은 염소는
같은 웅덩이에 두 번 빠진 염소였어요.

피해야 할 대상

바보 개구리 한 마리가 있었어요.
개구리 친구들은 그 바보 개구리를
가까이 하려 하지 않았어요.
옆에서 그 모습을 지켜보던 늙은 거북이 말했어요.
"얘들아. 바보란 너희들이 피해야 할 *대상이 아니란다.
너희들이 피해야 할 대상은 반은 바보고 반은 똑똑한
개구리란다."

* 대상 : 목표나 목적이 되는 것.

너무 놀면

밖에서 친구들과 신나게 놀던 아기 다람쥐가
집으로 들어서며 말했어요.
"엄마, 친구들과 한참 신나게 놀았더니 배가 고파요."

그러자 엄마 다람쥐가 말했어요.
"노는 것도 적당히 놀아야 한단다. 건넛마을에
집도 없이 떠돌아다니며 구걸하는 할아버지 있지?
그 할아버지는 젊었을 때 너무 놀아서 늙어서도
배고프게 산단다."

화

아빠 염소가 아들 염소에게 말했어요.
"화가 날 땐 없을 무(無) 자를 열 번만 쓰렴.
그럼, 신기하게도 화가 가라앉을 거야."
그러자 아들 염소가 말했어요.
"아빠, 나는 그 무 자를 쓰지 않아도 화가 가라앉아요.
'없을 무 자가 어떻게 생겼을까' 하고 곰곰이 생각하다 보면
저절로 화가 가라앉아요."

관심

아빠 개가 아들 개를 불러 놓고 말했어요.
"누군가를 미워한다는 것은 그에게 *관심이 있다는 말이란다.
관심이 없으면 미움도 없는 법이지."
그 말을 들은 아들 개가 고개를 끄덕이더니 말했어요.
"아빠, 부탁이 있는데요. 옆집 아줌마 너무 미워하지 마세요."

*관심 : 어떤 것에 마음이 끌려 주의를 기울이는 마음.

양심

가난하지만 양심 바르게 사는 사슴 한 마리가 있었어요.
그 사슴이 말했어요.

"난 가난해. 가진 것이 없어. 그래서 우리 집에는
도둑이 들어도 아무것도 훔쳐 갈 게 없어."

그러자 그 말을 들은 아기 토끼가 말했어요.
"아저씨, 그래도 조심해야 해요.
도둑이 아저씨의 양심을 훔쳐 갈지 모르잖아요."

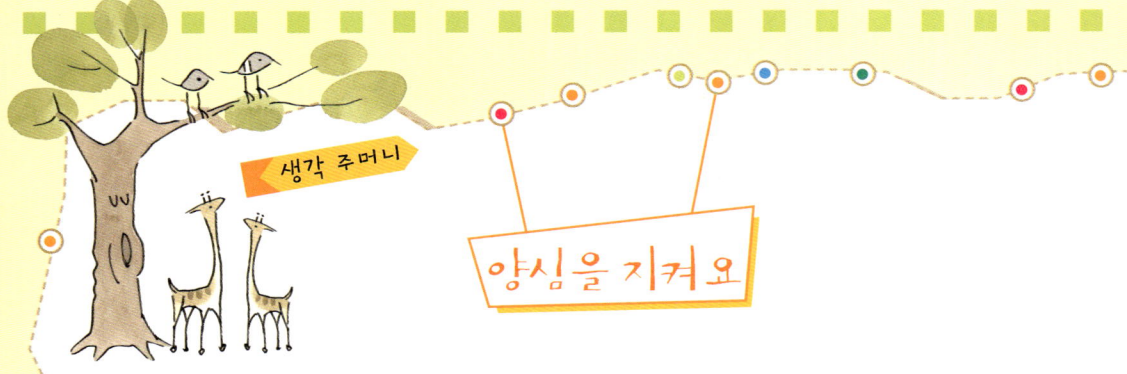

양심을 지켜요

양심은 도덕적으로 바르고 어진 마음을 말해요. 우리 주위에는 양심을 잘 지키는 사람도 있지만 잘 안 지키는 사람도 있어요. 양심을 지키지 않는 사람들에게 우리는 양심도 없는 사람이라거나 양심에 구멍 난 사람이라며 손가락질을 하지요.

양심을 지키는 행동에는 여러 가지가 있지만 어린이들이 지켜야 할 것에는 거짓말 하지 않기, 시험 볼 때 훔쳐보지 않기, 길에 쓰레기 버리지 않기, 물건 훔치지 않기, 규칙 잘 지키기 등이 있겠지요?

오늘부터 당장 양심 지킴이가 되어 보세요. 양심을 지키면 마음도 뿌듯해지고, 서로서로 웃는 얼굴로 대할 수 있답니다.

양심을 지키지 않았을 때와 양심을 지켰을 때 기분이 어떻게 달라지나요? 또 양심을 지켰을 때 좋은 점은 무엇인가요? 경험했던 일을 떠올리며 양심을 지켜야 하는 이유를 생각해 보세요.

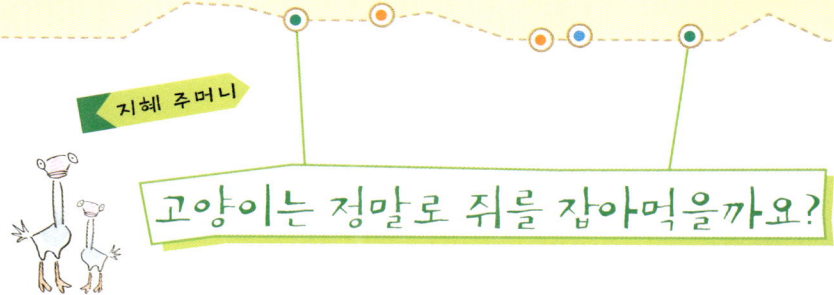

지혜 주머니
고양이는 정말로 쥐를 잡아먹을까요?

톰과 제리를 알고 있나요? 조금은 어리석은 고양이 톰과 재빠르고 영리한 쥐 제리 말이에요. 이 만화에서 톰은 항상 고양이 체면을 다 구긴 채, 쥐를 잡기는커녕 쥐인 제리에게 골탕을 먹지요.

그렇다면 실제로는 어떨까요? 고양이는 쥐도 잘 잡고, 또 잡은 쥐를 먹기도 할까요?

실제로 야생 고양이는 쥐뿐 아니라 작은 새, 파충류도 잡아먹어요. 하지만 요즘 우리 주위에서 흔히 볼 수 있는 고양이들은 쥐를 먹지 않는답니다. 사람의 손에서 자라게 된 고양이에게는 쥐를 잡아먹을 만큼의 야생 본능이 없는 것이지요. 쥐를 잡으면 앞발로 툭툭 치고 이리저리 굴리며 가지고 놀 뿐 실제로 쥐를 잡아먹는 고양이는 거의 없답니다.

3부
지혜가 자라는 이야기

여유

아기 오리가 엄마 오리에게 물었어요.
"엄마, 왜 사람의 옷에는 단추가 여러 개 붙어 있어요?"
그러자 엄마 오리는 잘난 척하며 말했어요.
"그건 말이다. 만약에 단추 하나가 떨어질 때를 ★대비해서 여유 있게 달아 놓은 것이란다."

★ 대비 : 어떤 일에 대응할 준비.

어리석음

아기 부엉이가 밤하늘에 떠 있는 수많은 별들을 보고 소리쳤어요.
"야, 금이다. 하늘에 금이 떠 있다!"
그러자 형 부엉이가 한심하다는 듯 ★빈정대며 말했어요.
"금이면 네가 다 가져."
그 말에 아기 부엉이는 어이가 없다는 듯 말했어요.
"형은 참 어리석어. 저 높이 있는 것을 어떻게 가져?"

★ 빈정대다 : 은근히 비웃는 태도.

따라서

엄마 물소가 아빠 물소에게 말했어요.
"임금님, 이리 와 보세요."
"임금님, 이것 좀 들어 주세요."
옆에 있던 아들 물소가 말했어요.
"엄마, 아빠는 임금님이 아니에요.
그저 *평범한 아빠인데
왜 자꾸 임금님이라고 불러요?"
그러자 엄마 물소가 말했어요.
"네 아빠가 임금님이 되면 나는 덩달아 왕비가 되잖니.
머리를 써라, 머리를……."

★ 평범하다 : 뛰어난 점이 없이 보통이다.

조상

자신을 팥빙수라고 생각하는 아이가 있었어요.
옆에 있던 사람이 물었어요.
"왜 네가 팥빙수라고 생각하니?"
"시원하고 달콤하니까요."
"그럼, 네 아버지는 누구니?"
"얼음이지요. 얼음으로 팥빙수를 만들잖아요."
"그래. 그렇다면 네 할아버지는 누구니?"
그러자 아이는 어이없다는 듯 그 사람을 쳐다보며 말했어요.
"당연히 물이지요. 물로 얼음을 만드니까요."

고마움

아내를 옷으로 생각하는 바보 남편과
같이 사는 여우가 있었어요.
어느 날 동네 암소가 그 여우에게 물었어요.
"당신의 남편은 당신을 옷이라고 생각하는데,
섭섭하지 않나요?"
그러자 여우가 말했어요.
"섭섭하긴요, 고맙지요. 나를 걸레라고 생각했으면 어쩌겠어요."

생각하기 나름

선풍기만 보면 귀신이라고 말하는 고양이가 있었어요.
개가 물었어요.
"왜 선풍기가 귀신이니?"
"쌩쌩 돌아가는 게 무섭잖아."
어느 더운 여름날, 그 고양이가 선풍기
앞에서 바람을 쏘이고 있었어요.
개가 물었어요.
"선풍기가 귀신이라며 왜 선풍기 앞에 앉아 있니?"
그러자 고양이가 말했어요.
"무서워서 더위가 싹 가시잖아."

큰 것, 작은 것

작은 것을 보고 크다고 말하고,
큰 것을 보고 작다고 말하는 소 한 마리가 있었어요.

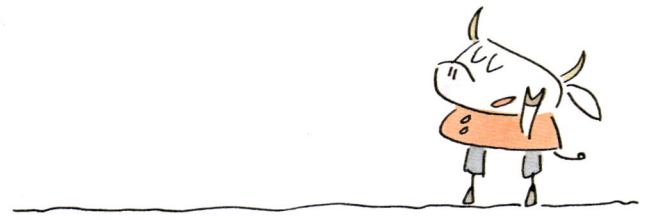

이상하게 생각한 소들이 그에게 물었어요.
"당신은 왜 작은 것을 크다고 말하고,
큰 것을 작다고 말합니까?"

그러자 소는 자신이 썼던 모자를 벗어
강아지 머리에 씌우며 말했어요.
"이 모자는 내 머리에 작아요. 분명히 작은 모자지요.
그런데 이 강아지 머리에 씌우니 크잖아요.
그러니 작은 것이 큰 것이지요."

소는 또 다른 큰 모자를 가져와 말했어요.
"이 모자는 내 머리에 커요.
그런데 코끼리의 머리에 씌우면 작아요.
그러니 큰 것이 작은 것이지요."
소의 말을 듣고 있던 동물들은 모두 고개를 갸웃거렸어요.

쓰레기

쓰레기를 돈이라고 생각하는 생쥐가 있었어요.
그 생쥐는 쓰레기만 보면
"저 쓰레기가 돈이다, 돈이야."
하고 말했어요.

지나가던 도둑고양이 한 마리가 그 소리를 듣고 생쥐에게 물었어요.
"쓰레기를 돈이라고 생각하니까 네 금고엔 쓰레기만
잔뜩 들어 있겠구나?"

그러자 생쥐는 어이없다는 듯 도둑고양이에게 말했어요.
"쓰레기를 금고에 넣는 바보가 어디 있니?"

자르지 않아도

아빠 곰이 긴 나무 막대기를 톱으로 자르며 말했어요.
"긴 나무도 톱으로 자르면 이렇게 짧아진단다."
그러자 아들 곰이 말했어요.
"자르지 않아도 짧아져요."

아빠 곰이 물었어요.
"자르지 않는데 어떻게 짧아지니?"
그러자 아들 곰은 더 긴 막대기를 가져와 말했어요.
"더 긴 것 앞에선 자르지 않아도
이렇게 짧으니 짧은 것이지요."

위험해

어두운 밤 아들 참새가 손전등을 이리저리 비추며 놀고 있었어요.
아빠 참새가 그 모습을 보고 소리쳤어요.

"얘, 위험한 불장난은 그만 해!"
그러자 아들 참새가 말했어요.
"아빠, 이건 전깃불이에요."

그러자 아빠 참새가 말했어요.
"전깃불은 불 아니냐?"

이 속에 있겠지

돼지들이 맛있는 음식을 싸들고 소풍을 갔어요.

그런데 목적지에 도착해서 세어 보니 돼지 한 마리가 모자랐어요.

수를 세는 돼지가 자기를 빼놓고 세었기 때문이었지요.

돼지들은 두리번거리며 빠진 돼지를 찾았어요.

"어디 갔지?"

"어디 갔지?"

그러자 어떤 돼지가 큰 소리로 말했어요.

"아, 이 맛있는 음식을 두고 어딜 갔겠어요.

우리들 속에 있겠지요."

정말 바보

들쥐 한 마리가 지나가는 멧돼지를 보고 말했어요.
"이 아저씨 되게 못생겼다."

그러자 지나가던 멧돼지가 화를 내며
주먹으로 들쥐의 머리를 쥐어박았어요.

머리를 얻어맞은 들쥐는 어이없다는 듯이 말했어요.
"못생긴 것을 못생겼다고 말하는데 왜 때린담.
자기 얼굴 생긴 것도 모르니 정말 바보군."

알 수 없는 내일

원숭이 한 마리가 알 수 없는 그림을 그려 놓고
혼자 *만족해하고 있었어요.
그림을 들여다보던 코끼리가 말했어요.
"난 아무리 들여다봐도 이 그림이 무엇을 그린 건지 모르겠어."
그러자 원숭이는 손뼉을 치며 큰 소리로 말했어요.
"용케 알아맞혔군요. 이 그림의 제목이 바로
알 수 없는 내일이에요."

★ 만족 : 마음에 흡족하다.

현명해지는 법

토끼 한 마리가 *현명한 염소를 찾아가서 말했어요.
"나도 당신처럼 현명하게 살고 싶습니다.
어떻게 하면 되는지 그 방법을 좀 가르쳐 주십시오."

그러자 현명한 염소는 토끼를 데리고 우물로 가서
밑 빠진 두레박으로 물을 퍼 올리게 했어요.

토끼는 그 두레박으로 열심히 물을 퍼 올리려 했지만
물은 퍼 올려지지 않았어요.

토끼가 말했어요.

"밑 빠진 두레박으로는 물을 퍼 올릴 수 없습니다."

그 말에 현명한 염소가 말했어요.

"바로 그것이오. 무엇이 잘못되었는지를 알면
현명한 이가 되는 것이오."

★ 현명하다 : 슬기롭다, 지혜롭다.

바보

원숭이 한 마리가 손가락을 쪽쪽 빨고 있었어요.
지나가던 동네 원숭이가 그 모습을 보고 물었어요.
"얘, 그 손가락 맛있니?"
"응, 맛있어. 아주 달콤해. 너도 한 번 빨아 봐."
그 말에 동네 원숭이도 자기 손가락을 빨았어요.
그 모습을 보고 있던 원숭이 엄마가 말했어요.
"바보가 따로 없어. 남 따라 하는 게 바보지."

말

바보 고양이가 여자 친구를 보고 말했어요.
"넌 참 예뻐."
그러자 여자 친구가 말했어요.
"넌 바보가 아니로구나."

바보 고양이가 또 말했어요.
"그런데 넌 머리가 나빠."
그러자 여자 친구가 말했어요.
"바보는 역시 바보군."

먼 산의 높이

기린이 친구와 같이 먼 산을 바라보고 있었어요.

친구가 기린에게 물었어요.
"저 산의 높이는 얼마나 될까?"

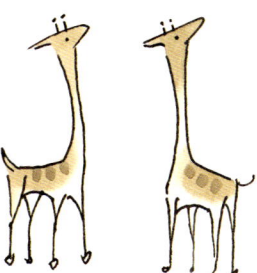

그 말에 기린은 친구와 산을 번갈아 바라보더니 말했어요.
"내가 보니 그리 높진 않아. 네 키 높이야."

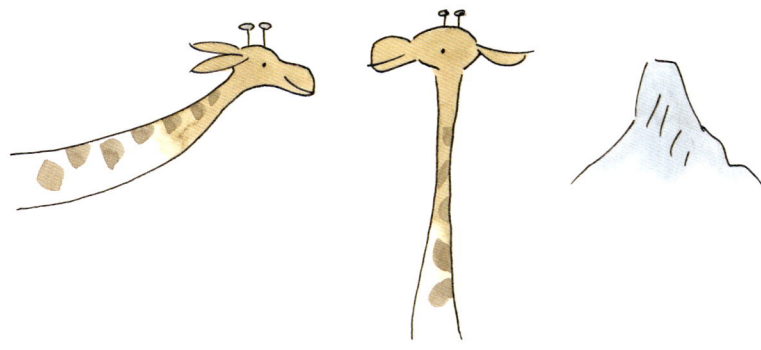

옷 자랑

뱀 한 마리가 헌 옷을 벗어던지고
새 옷을 입고 나와 옷 자랑을 했어요.

그러자 헌 옷을 입은 다른 친구가
지지 않으려는 듯 나서서 말했어요.
"나도 우리 집에 새 옷 한 벌 있어."

옆에서 그 말을 듣고 있던 멍청한 뱀 한 마리가
끼어들며 말했어요.
"나도 있어. 내 옷은 옷가게에 있어."

방법

원숭이 한 마리가 소의 고삐를 잡아당기며 끌려 했으나
소는 그 자리에서 꼼짝도 하지 않았어요.

원숭이는 지나가는 늙은 염소에게 물었어요.
"어떻게 하면 이놈의 소를 걷게 할 수 있을까요?"

그러자 지나가던 늙은 염소가 말했어요.
"채찍질을 하면 그 소가 움직일 거요."

그 말에 원숭이는 있는 힘을 다해 소 등을
채찍으로 내리쳤어요.

그러자 깜짝 놀란 소는 마구 날뛰더니
멀리 도망가 버렸어요.

소를 놓친 원숭이는 원망스러운 듯 혼자 중얼거렸어요.
"난 그저 소가 걷게 하는 방법을 가르쳐 달라고 한 건데……."

천재와 바보

*천재 침팬지가 말했어요.
"난 내가 천재라고 생각하지 않아요.
남들이 나를 천재라고 말하니까
그런가 보다 하고 생각하지요."

그러자 옆에 있던 바보 침팬지가 말했어요.
"나도 그래요. 난 내가 바보라고 생각하지 않아요.
남들이 나를 바보라고 말하니까
그런가 보다 하고 생각하지요."

★ 천재 : 태어날 때부터 타고난 뛰어난 재주.

억울해

바보 다람쥐가 소리내어 울고 있었어요.
친구 다람쥐가 달려와 물었지요.
"왜 우니?"
"내가 먹으려고 숨겨 두었던 알밤 하나를 잃어버렸어."
그러자 친구는 자기의 알밤 하나를 건네 주며 달했어요.
"대신 내가 하나 줄게 울지 마."
바보 다람쥐는 알밤을 받아 맛있게 먹었어요.
그런데 그 알밤을 다 먹고 나자 또 울기 시작했어요.
친구가 물었어요.
"알밤 하나를 주었는데 왜 또 우니?"
그러자 바보 다람쥐가 말했어요.
"알밤 하나를 잃어버리지 않았으면 두 개를 먹는 건데…….
억울해, 앙앙."

민들레

따뜻한 봄날,
소들이 밭에서 씨를 뿌리고 있어요.
그 모습을 본 토끼 한 마리가 씨앗 한 줌을 들고 나와
*허공에다 뿌렸어요.
소 한 마리가 토끼에게 다가가 말했어요.
"애야, 씨앗이란 허공에 뿌리는 것이 아니라
땅에 뿌리는 것이란다."
그러자 토끼가 말했어요.
"예, 저도 알아요. 하지만 이 씨앗은 민들레 씨앗이에요.
멀리까지 날아가서 싹을 틔우라고 이렇게 뿌리는 거예요."

★ 허공 : 텅 빈 공중.

관심 없어

친구 돼지가 바보 돼지에게 말했어요.

"얘, 이 햄버거 한 쪽 줄게 내 책가방 좀 들어 줄래?"

바보 돼지는 한참 생각하더니,

"난 먹는 것엔 관심 없어."

하고는 고개를 돌렸어요.

"그러면 그만둬."

친구는 혼자 햄버거를 맛있게 먹었어요.

"냠냠 짭짭."

그 소리에 바보 돼지는 저도 모르게 침이 '꼴깍' 하고 넘어갔어요.

그 소리를 들은 친구가 빙그레 웃으며 말했어요.

"관심 없다더니 이건 무슨 소리지?"

그러자 바보 돼지가 말했어요.

"난 관심 없어. 내 목구멍이 관심 있는 모양이지."

따라다니는 이유

무슨 음식이든 나누어 먹지 않고 혼자만 먹는 욕심쟁이
돼지가 있었어요.
친구들은 그의 욕심을 알고 그가 아무리 맛있는 것을 먹어도
가까이 가지 않았어요.
그런데, 바보 돼지 한 마리만 그를 졸졸 따라다녔지요.
친구들이 물었어요.
"얘, 저 친구는 혼자만 먹는 욕심쟁이란 걸 알면서
왜 그렇게 졸졸 따라다니니?"
그러자 바보 돼지가 말했어요.
"나도 알아. 하지만 저 친구는 먹을 때 늘 흘리면서 먹거든."

좋은 생각

엄마 개가 강아지를 불러 놓고 말했어요.
"너는 집에서는 똑똑한데 밖에만 나가면
바보짓을 하니 어떡하면 좋으니?"
강아지는 머리를 긁적이며 한참 생각을 하더니
무릎을 치며 말했어요.
"엄마, 이렇게 하면 어떨까요?
이 집에 바퀴를 달아서 끌고 다니는 거예요."

편하게 자려면

염소 선생님이 학생들에게 물었어요.
"잠을 편히 자려면 어떻게 해야 할까요?"
그러자 학생들이 말했어요.
"푹신한 베게가 있어야 해요."
"조용해야 해요."
"*잡념이 없어야 해요."
"하던 일을 다 마무리해야 해요."
그때였어요. 바보 돼지가 손을 번쩍 들고 말했어요.
"먹던 음식을 다 먹어야 해요."

★ 잡념 : 여러 가지 쓸데없는 생각.

바보가 되지 않으려면

형 곰이 바보 소리를 듣는 동생 곰에게 물었어요.
"애, 너 바보 소리를 듣지 않으려면 어떻게 해야 하는지 아니?"
그러자 동생 곰이 말했어요.
"응, 알아. 나보다 더 바보한테 가면 돼."

고집(2)

고집 센 바보 두더지가 어두운 밤, 불 켜진 가로등을 보고 말했어요.
"야! 달도 밝다."
그때 그 곁을 지나가던 도둑고양이가 그 소리를 듣고 말했어요.
"이봐, 그건 달이 아니고 가로등이야."
그러자 고집 센 바보 두더지가 다시 말했어요.
"야! 가로등 달 참 밝다."

괜찮아요

아빠 곰이 말했어요.
"애들은 무엇이든 다 따라 해요."
엄마 곰이 말했어요.
"그래요. 애들 보는 앞에서는 찬물도
맘대로 못 마셔요."
그 말을 듣고 있던 아들 곰이 말했어요.
"괜찮아요. 찬물은 마셔도 돼요. 뜨거운 물만 안 마시면 돼요.
왜냐하면 입을 델 수 있으니까요."

하면 된다

아빠 나무늘보가 커다란 글씨로 *가훈을 써 붙였어요.
"하면 된다."
바보 소리를 듣던 아들 나무늘보가
그 글씨를 한참 쳐다보더니 말했어요.
"그래, 바보라도 똑똑한 척하면 되겠군."

★ 가훈 : 집안 어른들이 그 자손에게 주는 교훈.

바가지는 바가지

똑똑한 척하는 여우 한 마리가 있었어요.
바보 소리를 듣는 거북 한 마리가 바가지 하나를 들고
어슬렁어슬렁 여우한테 다가와 말했어요.

"얘, 여우야. 이 바가지를 저 나뭇가지에 매달면 무엇이 되겠니?"
거북의 말에 여우는 고개를 갸웃거리며
깊이 생각하기 시작했어요.

그 모습을 본 거북이 깔깔 웃으며 말했어요.
"이 바보야. 매달아 놓으나 내려놓으나 바가지는 바가지지
무엇이 되겠니?"

처음부터

두더지 한 마리가 열심히 모래땅을 팠어요.
있는 힘을 다해 팠지만 그만 무너지고 말았어요.
"이 일을 어떡하면 좋아."
두더지는 무너진 땅을 내려다보며 한숨지었지요.
그러자 옆에 있던 들쥐가 말했어요.
"다시 파."
족제비가 말했어요.
"다른 곳에 가서 파 봐."
토끼가 말했어요.
"*포기해."
가만히 보고 있던 염소가 말했어요.
"무너질 땅은 처음부터 파지 말았어야지."

* 포기 : 하던 일을 중간에 그만두다.

아빠 자랑

아기 멧돼지가 말했어요.
"우리 아빠는 힘이 세서 땅을 잘 판다."
아기 타조가 말했어요.
"우리 아빠는 다리가 길어서 멀리 잘 달려."
아기 비버가 말했어요.
"우리 아빠는 솜씨가 좋아서 집을 잘 지어."
가만히 듣고 있던 아기 스컹크가 말했어요.
"우리 아빠는 방귀 잘 뀐다."

좋은 점, 나쁜 점

엄마 얼룩소가 말했어요.
"이 세상 모든 이들은 좋은 점만 가지고 있는 것도,
나쁜 점만 가지고 있는 것도 아니란다.
좋은 점을 가지고 있으면 나쁜 점도 가지고 있고
나쁜 점을 가지고 있으면 좋은 점도 가지고 있단다."
듣고 있던 아기 얼룩소가 말했어요.
"엄마, 내 점은 등에 있어서
좋은 점인지 나쁜 점인지 볼 수가
없어요."

거짓

엄마 카멜레온이 말했어요.
"거짓이란 말이다. 아무리 감추려고 숨겨도 언젠가는
밖으로 튀어나오는 법이란다."
그러자 아들 카멜레온이 아무렇지 않은 듯 말했어요.
"나오면 어때요. 나왔다 다시 들어가겠지요."

의심(2)

늙은 바다거북이 아기 거북에게 말했어요.
"애야, 너는 남을 의심하지 말고 살아야 한다.
의심이란 구멍은 끝이 없어서 그 속으로 들어가면
자꾸 더 깊이 들어가게 된단다."
그 말에 아기 거북은 늙은 거북을 쳐다보며 말했어요.
"그런데 할아버지. 그 구멍에는 왜
들어가요?"

구분

엄마 곰이 아기 곰에게 말했어요.
"얘야, 이것 좀 보렴. 이건 설탕이고 이건 소금이란다. 똑같이 생겨서 구분하기 힘드니 먹기 전에 반드시 맛을 보고 먹어야 한다."

그러자 아기 곰이 말했어요.
"엄마, 맛을 보지 않아도 알아요.
달콤한 설탕엔 이렇게 개미 떼가 몰려들잖아요."

똑똑함과 어리석음

늙은 아카시아나무가 자기 가지에 날아와 앉은 까치와 까마귀에게 이런 말을 했어요.

"똑똑한 까치야, 내 말 잘 들으렴. 진짜 똑똑함이란 자신의 똑똑함을 자랑하지 않는 것이란다.

그리고 어리석은 까마귀야, 내 말 잘 들으렴. 진짜 어리석음이란 자신이 어리석으면서도 똑똑하다고 생각하는 것이란다."

정말 똑똑하면

아기 문어 한 마리가 입이 찢어진 물고기를 가리키며 엄마 문어에게 물었어요.
"엄마, 저 물고기는 입이 왜 저렇게 찢어졌어요?"

"응, 그건 저 물고기가 어리석어서 낚싯바늘에 꿴 먹이를 먹으려다 입이 찢어진 거란다."

그러자 아기 문어는 꼬리가 찢어진 물고기를 가리키며 물었어요.
"엄마, 저 물고기는 왜 저렇게 꼬리가 찢어졌나요?"
"응, 저 물고기는 똑똑해서
그 먹이를 먹으면 안 된다는 걸 알고 뒤돌아서다가
꼬리가 꿰어 찢어진 거란다."

"똑똑해도 탈이로군요."
아기 문어의 말에 엄마 문어는 이렇게 말했어요.
"정말 똑똑한 물고기는 낚싯바늘 가까이 가지도 않는단다."

생각 주머니

하면 된다!

　친구들의 교실 앞을 보세요. 칠판 옆에 어떤 교훈이 적혀 있나요? '지혜로운 어린이가 되자', '현명한 어린이가 되자' 등 반마다 여러 가지 교훈이 적혀 있을 거예요. 그중에서 가장 많이 교훈으로 쓰이는 것은 '하면 된다!'일 거예요. 그런데 정말로 하면 다 될까요? 물론 꼭 그렇지만은 않아요. 우리는 스스로 자신감을 얻기 위해 "하면 된다!" 하고 외치는 것이지요. 그러면 없던 자신감도 마구마구 솟게 되고, 자신감이 생기면 할 수 없던 일도 이루게 되는 경우가 많거든요. 이번 시험에서 1등이 되고 싶다고요? 그럼 큰 소리로 외쳐 보세요. "하면 된다!" 그 자신감이 기적을 만들 수도 있답니다.

생각해 보세요

꿈이 있나요? 공부를 잘하고 싶은 것? 노래를 잘하고 싶은 것? 날씬해지고 싶은 것? 과학자가 되고 싶은 것? 피아니스트가 되고 싶은 것? 꿈을 이루기 위해서는 하면 된다는 생각을 가지고 열심히 노력을 해야 해요. 꿈을 이루기 위해 어떤 노력을 해 보았나요? 또 지금은 어떤 노력을 하고 있나요?

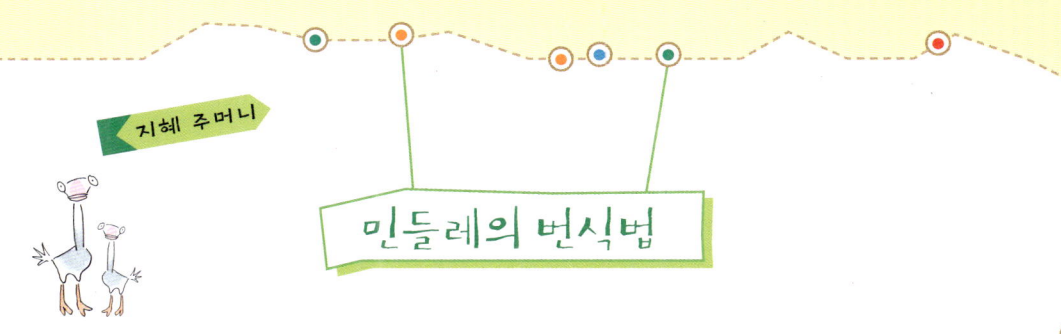

지혜 주머니
민들레의 번식법

　민들레는 봄이 되면 주변에서 흔히 볼 수 있는 국화과 식물이에요. 4~5월에 노란색 꽃이 피고 5~6월에 열매를 맺지요. 열매에는 흰색 갓털이 잔뜩 붙어 있는데 꼭 하얀 솜털공처럼 보인답니다. 입으로 "후~" 하고 불어 본 적 있지요? 바람이 불면, 가벼운 갓털은 바람을 타고 날아가요. 솜털 낙하산이 되는 것이지요. 바람을 타고 멀리멀리 날아간 민들레 씨앗은 바람이 멈춘 곳에 떨어져 다음에 태어날 날을 기다리게 된답니다.

4부
행복이 샘솟는 이야기

배려(2)

생쥐가 친구와 같이 라디오를 듣고 있었어요.
라디오에선 시끄러운 음악이 계속 흘러나왔어요.
듣고 있던 생쥐가 못 참겠다는 듯 귀를 막고 소리쳤어요.
"시끄러워 죽겠네."
그러자 친구가 말했어요.
"그렇게 시끄러우면 끄면 되잖아."
그 말에 생쥐는 짜증을 내며 말했어요.
"네가 듣고 있잖아."

더 좋은 것

호랑이 형제가 서로 다투고 있었어요.
"내가 왕 할래."
"아니야, 내가 왕 할래."
아빠 호랑이가 그 모습을 보고 말했어요.
"네가 형이니 네가 왕을 하렴."
그러자 동생 호랑이가 말했어요.
"아빠, 그럼 난 뭘 해요?"
그러자 아빠 호랑이는 한참을 생각하다 말했어요.
"넌 왕보다 더 좋은, 먹고 노는 호랑이 하렴."

내가 먹는 게 아니다

자기 뱃속에 큰 생선 한 마리가 들어 있다고
생각하는 문어가 있었어요.
어느 날,
그 문어가 식탁에서 생선 요리를 맛있게 먹자
엄마 문어가 물었어요.
"넌 뱃속에 큰 생선이 들어 있다고 생각하면서
또 생선을 먹니?"
그러자 그 문어는 말했어요.
"엄마, 이건 내가 먹는 게 아니고 생선 밥 주는 거예요."

쓸모 있는 애완동물

구둣솔을 예쁜 고슴도치라고 생각하며 끌어안고
다니는 바보가 있었어요.

그 모습을 지켜보던 사람이 물었어요.
"이봐요. 다른 *애완동물도 많은데 하필이면
그 구둣솔을 애완동물로 생각하나요?"

그러자 바보가 말했어요.
"첫째, 먹이를 주지 않아도 되고,
둘째, 내 구두를 예쁘게 닦아 주니까요."

* 애완동물 : 귀여워하며 기르는 작은 동물.

생각

자기 몸속에 예쁜 새 한 마리가 자라고 있다고
생각하는 너구리가 있었어요.

그를 지켜보던 염소가 그에게 물었어요.
"당신은 왜 당신 몸속에
예쁜 새가 자라고 있다고
생각하나요?"

그러자 너구리는 염소를 빤히 쳐다보며 말했어요.
"당신도 나처럼 새 알을 통째로 삼켜 보시오.
그러면 나와 같은 생각을 하게 될 거요."

나는 몰라

허수아비 머리 위에 올라앉은
생각하는 참새가 말했어요.
"나 지금 외로워."
허수아비가 말했어요.
"난 그런 것 몰라."
생각하는 참새가 말했어요.
"나, 지금 슬퍼."
허수아비가 말했어요.
"난 그런 것 몰라."
생각하는 참새가 짜증을 내며 말했어요.
"나 지금 화나."
허수아비가 웃으며 말했어요.
"난 그런 것 몰라."

이유(2)

의자에 앉을 때면 꼭 뒤돌아
의자를 끌어안고 앉는 문어가 있었어요.
"저 문어는 왜 항상 저렇게 의자에 앉을까?"
다른 문어들은 모두 궁금해했어요.
어느 날, 어떤 문어가 그 문어에게 물었어요.
"당신은 왜 의자를 끌어안고 앉나요?"
그러자 문어는 별걸 다 묻는다는 듯 이렇게 말했어요.
"의자를 사랑하니까요."

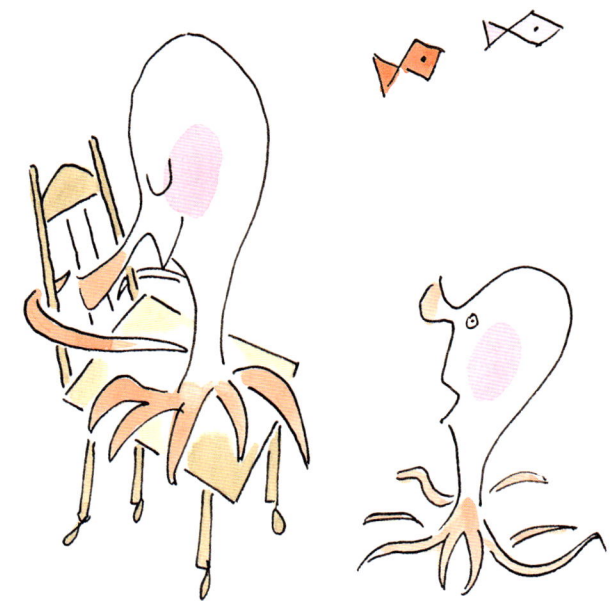

사랑

애지중지 키우던 돌이네 강아지가 집을 나갔어요.
하지만 돌이는 강아지를 찾을 생각도 않고,
방 안에 가만히 들어앉아 있었어요.
이웃집 사람이 찾아와서 말했어요.
"개가 없어졌으면 나가서 찾아봐야지
가만히 앉아 있으면 어떡하나?"
그러자 돌이는 웃으며 말했어요.
"다시 돌아올 거예요. 내가 자기를 진심으로 사랑했으니까요."

행복(1)

울 줄 모르는 바보 고양이가 있었어요.
친구 고양이들이 놀렸지만 바보 고양이는 행복했어요.
왜냐고요?
울음소리를 내지 않으니까 쥐들이 도망가지 않았고
다른 친구들보다 더 많은 쥐를
잡을 수 있었기 때문이지요.

동료애

한 바보 돼지가 중국 음식점에 가서 자장면을 시켰어요.
그런데 조금 뒤 종업원은 짬뽕을 들고 나타났어요.
바보 돼지는 말없이 씨익 웃고는 그 짬뽕을 맛있게 먹었어요.
그 모습을 지켜보던 옆 자리의 손님이 바보 돼지에게 물었어요.
"당신은 왜 주문한 음식이 나오지 않고 다른 음식이
나왔는데 웃기만 하고 그 음식을 먹습니까?"
그러자 바보 돼지가 말했어요.
" '나 같은 바보가 또 하나 있구나' 하고 즐거워서 웃었지요."

비결

바보 곰 한 마리가 물고기를 잡으러 갔어요.
바보 곰은 미끼도 끼우지 않고 낚싯줄을 던졌어요.
그런데 신기하게도 물고기가 잡혔어요.
옆에 있던 수달이 물었어요.
"미끼도 끼우지 않고 낚싯줄을 던지는데 고기가 잘도 잡히는군요.
무슨 비결이라도 있습니까?"
그러자 바보 곰이 웃으며 말했어요.
"비결은 없어. 이 물고기들이 내가 바보란 걸 알고
겁 없이 덤벼든 거지."

알쏭달쏭

아들 원숭이가 밥을 먹다 딴 짓을 하고 있었어요.
아빠 원숭이가 아들 원숭이를 나무랐어요.
"밥 먹다 딴 짓 하는 건 나쁜 일이란다."
그러자 아들 원숭이가 물었어요.
"그럼 딴 짓 하다가 밥 먹는 건 괜찮나요?"
"그래, 그건 괜찮지."
아들 원숭이는 고개를 갸웃거렸어요.

*동참

바보네 돼지가 수렁에 빠졌어요.
동네 사람들이 달려 나와
그 돼지를 구하기 위해 애를 쓰고
있었어요.

그 모습을 지켜보던 바보는
갑자기 물구나무를 서서 끙끙대며
왔다 갔다 하기 시작했어요.

그 모습을 보고 있던 사람이 바보에게 물었어요.
"당신은 지금 뭘 하는 거요?"

그러자 바보가 말했어요.
"동네 사람들이 다 애를 쓰고 있는데
나도 같이 애를 써야지요."

★ 동참 : 같이 참가함.

다 몰라

잘난 척하는 해삼 한 마리가 멍게에게 말했어요.

"저 멍게는 사랑할 줄도 모를 거야."

그 말을 들은 멍게는 화가 나는 걸 참으며 이렇게 말했어요.
"그래요, 사랑할 줄 몰라요. 그 대신 미워할 줄도 몰라요."

그래도

아기 토끼가 엄마 토끼에게 말했어요.
"엄마, 보고 싶어요."
"네 앞에 있잖니."
"그래도 보고 싶어요."

엄마 토끼가 아빠 토끼에게 말했어요.
"여보, 나 금반지 끼고 싶어요."
"당신 손가락에 있잖소."
"그래도 더 끼고 싶어요."

배고프면

고양이가 개에게 물었어요.
"얘, 넌 닭고기가 맛있니, 돼지고기가 맛있니?"
개가 말했어요.
"둘 다 맛있어."

고양이가 또 물었어요.
"그럼 쥐고기가 맛있니, 물고기가 맛있니?"
그러자 개는 짜증을 내며 말했어요.
"아, 배고프면 다 맛있어."

편

지네들이 서로 편을 갈라 축구 시합을 하기도 했어요.
거미 한 마리가 다가와 말했어요.
"나도 끼워 줘."

그러나 지네들은 어느 누구도 그 거미를
자기 편에 끼워 주려 하지 않았어요.

그러자 거미가 말했어요.
"참 편하게 됐군. 어느 편이 이기든 지든
난 아무 상관이 없게 되었으니 말이야."

행복한 바보

한 행복한 코알라가 있었어요.
그 코알라가 삶에 대해서 생각했어요.

'삶이란 무엇인가?'
생각하던 코알라는 배가 고팠어요.

코알라는 밥을 먹으면서 생각했어요.
'삶이란 배고프면 밥 먹는 것이로구나.'

그런데 밥을 다 먹고 나자 갑자기 졸음이
밀려왔어요.

코알라는 자리를 깔고 드러누워 생각했어요.
'삶이란 배고프면 밥 먹고
졸리면 자는 것이로구나.'

코알라는 이내 코를 골며 자기 시작했어요.
참 행복해 보였어요.

가고 싶은 곳

비둘기 선생님이 학생들에게 말했어요.
"여러분, 여러분들이 이 다음에 가고 싶은 곳을 각자 말해 봐요."
그러자 학생들이 각자 자기가 가고 싶은 곳을 말했어요.
"선생님, 저는 이 다음에 아프리카에 가고 싶어요.
가서 그곳에 사는 별난 동물들을 보고 싶어요."
"선생님, 저는 중국에 가고 싶어요. 중국에 가서 그 유명한
만리장성을 보고 싶어요."
그때였어요.
멍청하게 창밖을 내다보고 있던 비둘기 한 마리가
갑자기 손을 번쩍 들며 말했어요.
"선생님, 저는 지금 화장실에 가고 싶어요."

고장 난 시계

누가 싫은 소리를 해도 웃기만 하는
늙은 닭이 있었어요.
어느 날, 그 늙은 닭의 집에 찾아온 젊은 닭이
벽에 걸린 낡은 시계를 보고 말했어요.
"할아버지, 저 시계는 고장 나서 움직이지도 않는데
왜 버리지 않고 벽에 걸어 두고 계세요?"
그러자 늙은 닭이 웃으며 말했어요.
"그래도 하루 두 번은 정확히 맞는 시계라오."

노래

목욕하기 싫어하는 하마가 있었어요.
엄마는 입버릇처럼 "목욕 좀 해라. 목욕 좀 해라."
하고 타일렀지만 하마는
들는 둥 마는 둥 했어요.

어느 날 참다 못한 엄마는 싫다는 하마의 등을 떠밀어
욕실 안으로 밀어 넣었어요.
조금 뒤 욕실 안에서 물소리와 함께 하마의 흥겨운
노랫소리가 흘러 나왔어요.

엄마는 그 소리를 듣고
"그럼 그렇지. 목욕을 하면 기분이 좋아지지."
하고 혼잣말을 했어요.
잠시 뒤 목욕을 마치고 나오는 하마에게 엄마가 말했어요.

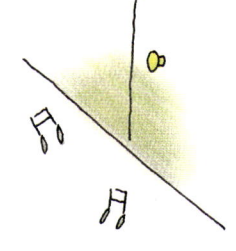

"그것 봐라. 목욕을 하니 기분이 좋아져서 노래가 저절로 나오지?"
그러자 하마는 시무룩한 얼굴로 말했어요.
"전 기분이 좋아서 노래를 부른 게 아니에요. 노래를 부르면
기분이 좋아질까 싶어서 부른 거예요."

나도 나그네

이불도 없이 가난하게 사는 뱀 한 마리가 있었어요.
지나가던 나그네 뱀이 그의 방을 들여다보고 말했어요.
"쯧쯧, 당신은 이불도 없이 사는구려."
그러자 뱀이 말했어요.
"당신도 이불이 없지 않소."
나그네 뱀은 허허 웃으며 말했어요.
"나는 나그네니까요."
그 말에 뱀이 말했어요.
"나도 나그네라오. 이 세상에 잠시 왔다 가는 나그네라오."

좋게 생각하면

무엇이든 좋게 생각하는 양 한 마리가 길을 가다 돌부리에 걸려 넘어져 코를 다쳤어요.
양이 말했어요.
"난 참 복이 많은 놈이야. 앞으로 넘어져서 코를 다쳤지, 뒤로 넘어졌으면 머리를 다쳤을 게 아닌가."

또 그 양이 길을 가다 벌에게 쏘였어요.
양이 말했어요.
"난 참 복 많은 놈이야. 벌에게 쏘였으니 다행이지. 뱀에게 물렸으면 큰일 났을 것 아니야."

돌멩이

수달 한 마리가 하찮은 돌멩이 하나를 구해 왔어요.
그러고는 매일 그 돌을 어루만지며,
"너는 빛나는 돌이다. 너는 빛나는 돌이다."
하고 쓰다듬었어요.

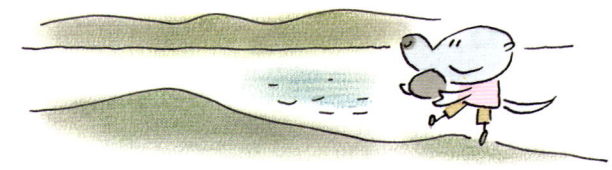

친구 수달들은 그런 그를 보고 비웃었어요.
"돌아도 단단히 돌았어. 때 묻은 돌멩이를 무슨 보석인 양
어루만지며 닦다니, 쯧쯧."

그러나 수달은 친구들의 말은 들은 척도 않고,
밤낮으로 그 돌을 어루만지며 닦고
또 닦았어요.

세월이 흘렀어요.
친구들의 생각과는 달리 수달의 돌멩이는 보석처럼
반짝반짝 빛이 나기 시작했어요.
"하찮은 돌멩이가 저렇게 변하다니……."
친구들은 모두 놀라 입이 벌어졌어요.

욕을 하면

"바보 멍청이, 바보 멍청이."
못된 악어 한 마리가 착한 악어를 따라다니며 놀리고 괴롭혔어요.
그래도 착한 악어는 다른 친구들 앞에서 그 친구 칭찬만 했어요.
"그 앤 착한 아이야. 좀 짓궂긴 해도 마음은 고운 아이야."
친구들이 물었어요.
"얘, 그 앤 네 욕만 하는데 넌 왜 자꾸 그 애 칭찬만 하니?"
그러자 착한 악어가 말했어요.
"칭찬만 해도 날 괴롭히는데 욕까지 해 봐. 얼마나 더 많이 괴롭히겠니."

위로

여우가 돼지에게 다가와 말했어요.
"난 천재야. 그런데 지금까지 남들한테 천재라는 소리를 한 번도 못 들었어. 그게 슬퍼."

그러자 돼지는 여우의 등을 쓰다듬으며 말했어요.
"너무 슬퍼하지 마. 난 바보인데도 지금까지 남들한테 바보 소리 한 번 안 듣고 살았어."

행복 (2)

늘 행복하게 사는 다람쥐가 있었어요.
친구들은 먹을 것을 잔뜩 저장해 두고도
늘 먹이가 부족하다며 걱정을 하고 있는데
이 다람쥐는 알밤 몇 알을 가지고도
언제나 싱글벙글 웃으며 즐겁게 살았어요.
친구 다람쥐가 물었어요.
"넌 가진 것이 없어도 웃으며 행복하게 사니 그 비결이 뭐니?"
그러자 그 다람쥐는 웃으며 말했어요.
"비결은 없어. 난 그저 내가 무엇을 조금 가지고도
많이 가졌다고 생각할 뿐이야."

나 홀로 우산

닭 한 마리가 오랜 연구 끝에 *희한하게 생긴 우산 하나를 발명했어요.
그 우산은 천은 없고 *앙상하게 살만 남은 우산이었어요.
닭이 말했어요.
"이 우산은 나 홀로 우산이랍니다. 앞도 잘 보이고 누가 가지고 가지도 않지요."
지켜보던 다른 닭들이 물었어요.
"그 우산이 어째서 나 홀로 우산입니까?"
그러자 그 닭이 말했어요.
"이 살만 있는 우산을 누가 쓰려고 하겠어요? 그러니 나 홀로 우산이지요."

★ 희한하다 : 매우 드물다.
★ 앙상하다 : 꼭 짜이지 않아 어울리지 않는다.

생각 주머니

행복은 마음속에 있어요

　행복은 느끼는 사람마다 달라요. 아주 작은 일에도 행복을 느끼는 사람이 있고, 행복한 일에도 행복을 느끼지 못하는 사람이 있지요.

　마음속의 욕심을 버리면 우리는 행복하게 살 수 있어요. 불행하다고 생각하면 끝없이 불행하지만 행복하다고 자꾸 생각하면 정말로 행복해지거든요.

　마음속에 행복을 심어 보세요. 그리고 행복한 미소를 지어 보세요. 그러면 이 세상은 지금보다 훨씬 더 아름다울 거예요.

생각해 보세요

"아~ 행복하다." 하고 생각한 적이 있나요? 배가 고팠는데 엄마가 맛있는 간식을 만들어 주셨을 때? 갖고 싶은 장난감을 선물 받았을 때? 어려운 숙제를 마치고 잠자리에 들었을 때? 가족과 함께 신나는 여행을 떠났을 때? 언제 얼마나 행복했었는지, 기억을 떠올려 보세요.

지혜 주머니
새끼를 낳는 뱀?

　보통, 뱀은 알을 낳는다고 알려져 있어요. 하지만 새끼를 낳는 뱀도 있답니다. 바로 살무사예요. 살모사라고도 하지요.

　살무사는 뱃속에서 알을 부화시켜 새끼를 낳아요. 한 번에 2~13마리의 새끼를 낳는답니다. 살무사의 얼굴은 화살촉처럼 뾰족해요. 강한 독을 가지고 있으니 물리지 않도록 조심해야 한답니다.

　그럼 살무사도 자기 독 때문에 죽을 수 있을까요? 살무사에게는 몸속에 독에 대한 면역력이 있어요. 그래서 다른 살무사를 물거나 자신을 물어도 잠시 기절하거나 쩔쩔맬 뿐 죽지는 않는답니다.

지은이의 말

　사람이 동물과 다른 점은 무엇을 생각하고 느낀다는 것이겠지요. 스토아 학파의 철학자이자 로마 제국의 황제였던 마르쿠스 아우렐리우스는 "인생이란 그 사람의 생각의 소산물이다."라고 말했어요.
　이 말은 곧 그 사람의 생각이 그 사람의 인생을 만든다는 말이에요.
　또 중국의 사상가인 맹자도 "모든 것은 생각하면 얻게 되고, 생각하지 않으면 얻지 못한다."라고 말했고, 우리나라의 속담에도 "생각이 반이다."라는 말이 있어요.
　해결이 잘 안 되는 어려운 일도 그것을 생각하고 연구하면 그 일의 반은 해결된 것과 같다는 말이지요.

　'멍청이'란 어리석고 정신이 흐릿한 사람을 가리키는 말이에요.
　우리는 생각 없이 말을 하고 생각 없이 행동하는 멍청이가 되지 말고, 말을 하거나 행동을 할 때, 이 말과 행동이 옳은 것인지 또 상대편에게 피해를 주는 것이 아닌지 다시 한 번 생각해 보는 현명한 사람이 되어야 겠어요.
　무엇을 듣고 보더라도 그냥 흘려버리고 지나치지 말고 항상 물음표(?)를 달고 본다면 나중엔 "아하! 그렇구나." 하고 고개를 끄덕이는 느낌표(!)를 얻을 수 있을 거예요.

　어린이 여러분들이 이 책을 읽고 생각이 쑥쑥 자라는 건강하고 현명한 사람이 되길 바랍니다.

2007년 가을 이규경